교과 연계

3학년 2학기
5. 동물의 생활

5학년 2학기
2. 생물과 환경

### 글·그림 백명식

강화에서 태어나 서양화를 전공하고 출판사 편집장을 지냈습니다. 어린이들이 좋아하는 책을 쓰고 그릴 때 행복하답니다. 쓰고 그린 책으로는 《돼지 학교》 시리즈, 《인체 과학 그림책》 시리즈, 《맛깔 나는 책》 시리즈, 《저학년 스팀 스쿨》 시리즈, 《명탐정 꼬치》 시리즈, 《냄새 나는 책》 시리즈, 《미생물 투성이 책》 시리즈, 《좀비 바이러스》 시리즈, 《안녕! 한국사》 시리즈, 《나는 나비》 등이 있습니다. 소년한국일보 일러스트상, 소년한국일보 출판부문 기획상, 중앙광고대상, 서울 일러스트상을 받았습니다.

### 감수 와이즈만 영재교육연구소

창의 영재수학과 창의 영재과학 교재 및 프로그램을 개발했습니다. 구성주의 이론에 입각한 교수학습 이론과 창의성 이론 및 선진 교육 이론 연구 등에도 전념하고 있습니다. 국내 최고의 사설 영재교육 기관인 와이즈만 영재교육에 교육 콘텐츠를 제공하고 교사 교육을 담당하고 있습니다.

② 사라진 판다 의사

1판 1쇄 발행 2022년 5월 20일
1판 2쇄 발행 2024년 11월 15일

**글·그림** 백명식 | **발행처** 와이즈만 BOOKs | **발행인** 염만숙
**출판사업본부장** 김현정 | **편집** 양다운 이지웅
**디자인** 위드 | **마케팅** 강윤현 백미영

**출판등록** 1998년 7월 23일 제1998-000170 | **제조국** 대한민국
**주소** 서울특별시 서초구 남부순환로 2219 나노빌딩 5층
**전화** 마케팅 02-2033-8987 편집 02-2033-8928 | 팩스 02-3474-1411
**전자우편** books@askwhy.co.kr | **홈페이지** mindalive.co.kr | **사용 연령** 8세 이상
**ISBN** 979-11-90744-61-4

ⓒ 2022, 백명식
이 책의 저작권은 백명식에게 있습니다.
저자와 출판사의 허락 없이 내용의 일부를 인용하거나 발췌하는 것을 금합니다.
잘못된 책은 구입처에서 바꿔 드립니다.

와이즈만 BOOKs는 (주)창의와탐구의 출판 브랜드입니다.
KC마크는 이 제품이 공통안전기준에 적합하였음을 의미합니다.

# 기후 위기 해결사
# 사이다 탐정

### ❷ 사라진 판다 의사

백명식 글·그림
와이즈만 영재교육연구소 감수

와이즈만 BOOKs

# 등장인물

사이다 탐정

탐정 학교 1기를 수석으로 졸업한 뒤, 헬스푸드시에서 탐정으로 일하고 있다. 사이다처럼 시원하고 명쾌한 성격이다. 가장 기분 좋은 순간은 사건을 해결하고 톡 쏘는 사이다를 하늘에 닿을 만큼 시원하게 내뿜을 때!

버거

사이다 탐정의 친구이자 조수. 가업을 이어 밀 농사를 지을 뻔했지만 우연히 사이다 탐정을 만난 후 탐정이라는 직업에 매력을 느끼고 헬스푸드시에 오게 됐다. 얼핏 보면 조금 둔해 보이지만, 중요한 순간에 사이다에게 도움을 주는 존재.

**봉이**

무엇이든 고쳐 주고 만들어 주는 만능 키! 기발한 발명품으로 사이다 탐정을 도와준다. 부엉이라서 보통은 낮에 자지만, 호기심 많은 성격으로 흥미로운 일이 있으면 언제든지 열일하는 워커홀릭.

**판다 의사**

'판다 산부인과'의 의사. 어느 날 갑자기 판다 의사가 사라지자 시민들은 판다 의사의 행방을 물으러 사이다 탐정 사무소를 찾는다. 시민들이 판다 의사를 찾으려는 이유는 무엇일까?

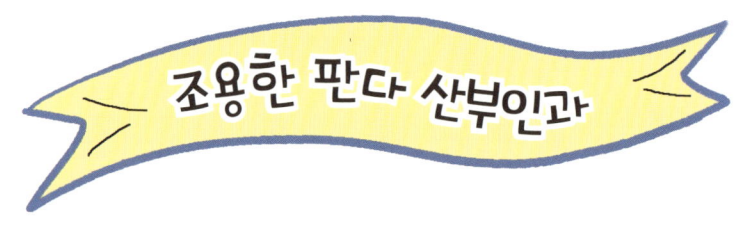
# 조용한 판다 산부인과

다람 카페는 항상 헬스푸드시 시민들로 북적거려요. 사이다 탐정과 버거도 다람 카페에서 아침을 먹으며 하루를 시작하지요.

카페 한쪽에는 헬스푸드시에서 가장 나이가 많은 거북 할머니도 있었어요. 그런데 거북 할머니의 표정이 어두워 보여요. 거북 할머니에게 무슨 고민이라도 있는 걸까요?

"거북 할머니, 안녕하세요?"
사이다 탐정이 거북 할머니에게 인사를 건넸어요.
"오, 사이다 탐정님! 오랜만입니다."
"그런데 무슨 일이라도 있으신가요?"
"그게 말이오……."

거북 할머니가 잠시 망설이는 듯하다가 좋은 생각이 났는지 두 손뼉을 치며 말했어요.
"옳거니! 사이다 탐정님은 헬스푸드시 시민들의 문제는 다 해결해 주지요? 우리 손녀 신랑감도 좀 찾아 주겠소?"

"신랑감 찾기는 우리가 도와줄 수 없는 일이야."

사이다 탐정의 마음을 알아챈 버거가 고개를 가로저으며 신문을 펼쳤어요. 그런데 그 순간, 버거가 깜짝 놀라 소리쳤어요.

그때 종달새 우체부가 문을 두드렸어요.
"소포입니다! 그런데 발신인이 안 적혀 있네요."
"대체 누가 보낸 거지?"
버거가 의문의 상자를 허겁지겁 열었어요. 상자 안에는 갈색의 작고 길쭉한 무언가가 들어 있었어요. 바늘 같기도 하고, 지푸라기 같기도 했어요.

"어머, 어쩐지 판다 산부인과 앞에 우편물이 여기저기 흩어져 있더라고요!"
 종달새 우체부가 테이블에 펼쳐진 신문을 보고 깜짝 놀라 말했어요. 사이다 탐정의 눈동자가 커졌어요.
 "그래?"

사이다 탐정과 버거가 판다 산부인과에 도착했어요. 산부인과 주변은 인기척 하나 들리지 않았어요. 종달새 우체부의 말대로 우편물만 잔뜩 있을 뿐이었지요.

사이다 탐정과 버거가 판다 산부인과를 여기저기 살펴보았어요. 진료실, 화장실, 탁자 밑까지 구석구석 관찰했죠. 병원 안으로 어두운 그림자가 비치는 것도 눈치채지 못한 채 말이에요.

단서는 예상치 못한 곳에 있는 법!

여기 숨었나?

진료실 2F

그때였어요.

"거기 누구신가!"
텅 빈 병원에 누군가의 목소리가 울려 퍼졌어요.

목소리의 주인공은 거북 할머니였어요.
"거북 할머니! 여긴 어떻게……."
사이다 탐정은 얼마나 놀랐는지 말을 잇지 못했어요. 반면 거북 할머니는 차분한 표정이었죠. 판다 의사와 거북 할머니 사이에 무슨 일이라도 있었던 걸까요?

판다 의사를 만나러 왔나 보구먼. 우리 집으로 가서 이야기하세.

거북 할머니는 판다 의사와 이웃이었어요.

"판다 산부인과가 언젠가부터 굳게 닫혀 있어 궁금하던 참이었는데, 인기척이 느껴져 가 본 거라오. 그러고 보니 이런 일이 한두 번이 아니긴 하지요."

"잠깐, 그동안 누가 왔었는지 기억하시나요?"

사이다 탐정이 다급한 목소리로 물었어요.

"그게 멀리서 봐서 말이오. 가만 생각해 보자……."
거북 할머니는 어렴풋이 떠오르는 기억을 되짚으려는 것 같았어요.

잠시 뒤, 거북 할머니가 해 준 이야기는 판다 의사를 찾는 데 중요한 단서가 되었어요.

"고맙습니다, 거북 할머니. 저희는 그럼 이만."
 사이다 탐정과 버거가 거북 할머니의 집을 막 나설 때였어요.

참! 그런데 우리 손녀 신랑감은 좀 알아봤나?

하하, 그게…….

판다 의사 찾기보다 어려운 미션 같은데 말야.

# 두 명의 용의자

사이다 탐정과 버거는 거북 할머니의 증언대로 판다 산부인과를 두리번거리던 시민들을 조사했어요.

판다 의사의 정원을 관리했어요. 하지만 전 잔디만 깎고 퇴근했는걸요.

이유를 들어 보니 그럴 듯해.

조깅을 같이 했는데 갑자기 안 보여 찾아갔었죠.

용의자는 벵골호랑이 씨와 치타 씨로 좁혀졌어요. 한 명 더, 치타 씨와 늘 함께 다니는 치타 부인도 의심스러웠죠.

사이다 탐정과 버거가 본격적인 수사를 계획할 때였어요. 누군가 문을 두드렸어요. 그런데 문 앞에 치타 부부가 서 있는 게 아니겠어요? 사이다 탐정과 버거는 어리둥절했어요.

"흠, 그렇지 않아도 치타 부부를 만나러 가려던 참이었습니다만."

사이다 탐정이 조금은 날카로운 목소리로 말했어요.

"설마 판다 선생님을 찾았습니까?"

**"네? 그게 무슨 말씀인가요?"**

"저희 부부는 판다 선생님 덕분에 아기를 갖게 되었어요. 해피해피 시에서부터 검사를 받으러 오는데 병원 문이 매일 닫혀 있어요. 판다 선생님은 대체 어디로 사라진 거죠?"

치타 부인도 걱정스러운 표정으로 동그랗게 부푼 배를 쓰다듬으며 말했어요.
"판다 선생님을 기다리는 건 저희 부부뿐만이 아니에요."

 아기를 갖지 못하는 치타 부부가 많습니다. 판다 선생님은 폭염으로 인해 치타 남편들의 남성 호르몬이 변한 것 같다고 했어요.

"호르몬이 변했다고요?"
"네, 그래서 판다 선생님이 더 정확한 원인을 알아보던 중이었어요. 탐정님, 판다 선생님을 꼭 찾아 주세요."
치타 남편이 걱정스러운 표정으로 하소연했어요.

치타 남편의 호르몬 변화, 그리고 사라진 판다 의사!

판다 의사를 자주 찾아온 이유가 있었군.

"벵골호랑이 씨!"

과연 버거의 말이 맞았어요!

"저…… 전 아무것도 몰라요!"

사이다 탐정과 버거를 본 벵골호랑이 씨가 잽싸게 달아났어요. 사이다 탐정과 버거가 그 뒤를 쫓았지만, 벵골호랑이 씨의 달리기가 어찌나 빠른지 도저히 따라잡을 수 없을 정도였어요.

"이 방법밖에 없겠어. 버거 도와줘!" 하고 사이다가 외치자 버거가 사이다의 두 손을 맞잡고 빠르게 흔들었어요.

그러자 사이다의 몸이 부르르 떨리면서 탄산이 끌어 올랐어요!

"버거, 지금이야!"

사이다 탐정이 소리치자 버거가 사이다 탐정의 손을 놓았어요. 그 순간 톡 쏘는 탄산이 폭발하며 사이다 탐정이 로켓처럼 날아갔어요!

## 숨겨진 이야기

"너무 급한 나머지 실례가 많았습니다."
사이다 탐정이 벵골호랑이 씨에게 따뜻한 차를 건네며 사과했어요.

그리고 한참 뒤, 벵골호랑이 씨가 말했어요.
"내가 판다 산부인과 앞을 서성인 이유는……."

"사실 판다는 제 친구예요. 헬스푸드시에도 판다를 따라온 건데, 저에게 말도 없이 사라졌다니까요!"

"제가 살던 곳은 점점 물에 잠기고 있어요. 벵골호랑이는 숲에 살지만 물을 좋아해 강 주변 같은 습지에도 살고 있죠. 그런데 언제부터인가 숲은 점점 줄어들고, 물이 차 올랐어요. 저의 집 앞까지 말입니다."
"어떻게 그런 일이!"
버거가 깜짝 놀랐어요.
"벵골호랑이가 헤엄을 잘 치긴 하지만, 물고기처럼 계속 물속에 살 수는 없어요. 안전한 곳을 찾고 있을

때 판다가 헬스푸드시를 소개해 줬고, 얼마 전 이곳으로 이사를 오게 된 겁니다."

벵골호랑이 씨가 떨리는 목소리로 말을 이었어요.

"그런데 이 곳에 와 보니 판다는 어디에도 없었어요. 헬스푸드시에 친구라고는 판다밖에 없는데 말입니다."

벵골호랑이 씨는 금방이라도 눈물방울을 뚝뚝 떨어뜨릴 듯한 표정이었어요.

예상치 못한 상황에 사이다 탐정도 할 말을 잃었을 때였어요.
버거가 불쑥 튀어나와 물었어요.
"그럼 저희를 보고 도망간 이유가 뭐죠?"
"그건 판다처럼 저도 위험한 일이 생길 것 같아 달아난 것뿐입니다."
벵골호랑이 씨는 조금도 망설이지 않고 대답했어요.

수사는 다시 제자리로 돌아오는 듯했어요.

"치타 부부, 벵골호랑이 씨 모두 판다 의사가 사라진 것과는 관련이 없는 것 같아. 판다 의사는 대체 어디로 간 걸까?"

버거가 머리를 긁적였어요.

"과연 그럴까? 벵골호랑이 씨가 이사 오기 전 살던 곳을 떠올려 봐."

## 퀴즈

벵골호랑이 씨가 헬스푸드시로 이사 오기 전 살았던 곳은 어떤 곳이었을까요? 정답을 2개 찾아보세요.

나무가 우거진 숲

뜨거운 사막

 벵골호랑이 씨가 한 말을 떠올려 봐.

**축축한 습지**

**가파른 돌산**

사이다 탐정이 며칠 전 종달새 우체부가 전해 준 물건을 보며 말했어요.
"이제 사건을 마무리해 볼까?
버거, 지금이 바로 봉이를 만나러 갈 때야!"
"사이다, 그런데 한 가지 놓치는 게 있군!"

뭔데? 뭔데?

근무시간 초과라고!

"바다거북은 해변에 구덩이를 파고 알을 낳는데, 알이 부화하는 동안의 모래 온도에 따라 거북의 성별이 결정돼요. 모래 온도가 높을수록 여자아이가 많이 태어나고, 낮을수록 남자아이가 많이 태어나는 거죠."

## 바다거북의 부화 과정

해변으로 올라온 바다거북이 구덩이를 파요..

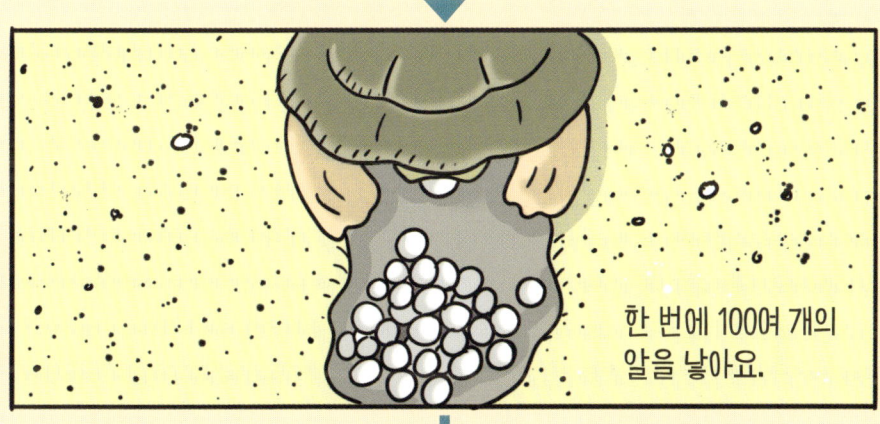

한 번에 100여 개의 알을 낳아요.

구덩이를 모래로 덮고, 다시 바다로 떠나요.

그때 사이다 탐정의 휴대 전화가 울렸어요.
"네, 사이다 탐정…… 네? **병원이요?**"

"판다 의사가 입원해 있대!"

가, 같이 가!

서둘러야 해!

"계속 사이다 탐정님을 찾다가 조금 전 잠들었어요. 판다 의사를 보고 얼마나 깜짝 놀랐는지. 비바람을 뚫고 온 줄 알았다니까요."

기린 간호사의 말대로 판다 의사는 지쳐 보였어요.

"대체 무슨 일일까?"

"버거, 그런데……."

사이다 탐정의 시선이 판다 의사의 손으로 향했어요.

"판다 의사가 손에 무언가 쥐고 있는 것 같아."

사이다 탐정이 판다 의사의 주먹 쥔 손을 펼치려고 했어요. 그 순간, 무언가를 놓지 않으려는 듯 판다 의사의 손에 힘이 살짝 들어갔어요. 그리고 잠시 뒤, 사이다 탐정과 버거의 눈이 휘둥그레졌어요.

꽈악

종달새 우체부가
전해 준 것과
같은 거잖아!

## 정체를 드러내는 범인

사이다 탐정 사무소에 이번 사건과 관련된 판다 의사와 벵골호랑이 씨, 치타 부부가 도착했어요. 마지막으로 거북 할머니도 왔지요.

## 퀴즈

종달새 우체부가 일을 마치고 사이다 탐정 사무소로 출발해요. 종달새 우체부가 빨리 갈 수 있도록 길을 찾아가 보세요.

종달새 우체부까지 온 뒤에야 사이다 탐정은 마지막 남은 차 한 모금을 마시고 이야기를 시작했어요.

"모두 궁금해 하던 판다 의사는 무사히 돌아왔습니다. 그동안 여러분을 혼란에 빠트리게 한 범인도 밝혀졌죠."

시민들은 궁금증을 참지 못하고 너도나도 목소리를 높이며 말했어요.
"대체 범인이 누구인가요?"

"자, 다들 조금만 진정하시고요."
사이다 탐정이 순서대로 이야기를 시작했어요.

 바다거북은 성별의 불균형이 심해졌어요.
남자아이의 탄생은 거의 없었지요.
거북 할머니 자손도 모두 여자아이였어요.

모두 내 손녀들이라오.

내 친척은 모두 여자!

"여러분은 각자 다른 고민이 있었지만, 원인은 하나였어요. 바로 기후 위기로 인해 피해를 입은 것이죠. 기후 위기는 매우 다양한 곳에 변화를 일으킵니다."

사이다 탐정이 종달새 우체부에게 받았던 씨앗을 꺼내 보이며 말했어요.

잠깐, 대나무는 나무가 아니라 풀이란 사실!

"대나무는 높은 곳에서 잘 자랍니다. 그런데 기온이 따뜻해지면서 대나무 숲이 점점 높고 시원한 곳으로 이동하고 있어요. 사실 몇 달 전, 시장님의 마카롱이 녹았을 때부터 기후 위기 문제를 꾸준히 알아보고 있었죠. 후후."

판다 의사가 이어서 말했어요.

"맞아요. 헬스푸드시에서도 어느 순간 제가 좋아하는 대나무가 잘 자라지 않았어요. 그러던 어느 날 텔레비전에서 대나무 숲을 보고 무작정 찾으러 떠났던 겁니다."

판다 의사가 지난날을 회상하는 듯 지그시 눈을 감았어요.

"그런데 생각보다 멀고 험난한 길이었어요. 뿌리로 번식하는 대나무를 옮겨 오는 것도 쉽지 않았어요. 그래서 어렵게 구한 대나무 씨앗으로 사이다 탐정님에게 도와 달라는 신호를 보낸 거예요."

아하! 그래서 집에 텔레비전이 켜져 있었던 거구나!

"아이고, 우리 손녀의 신랑감이 없는 게 기후 위기 때문이었다니!"

거북 할머니가 씩씩대며 목소리를 높였어요.

반면, 거북 할머니를 뺀 나머지 시민들은 궁금증이 해결되어 시원한 표정이었어요.
"정말 명탐정이야."
"그런 일이 있었을 줄이야."
다들 한마디씩 거들었어요.

사이다 탐정의 추리로 거북 할머니와 치타 부부, 벵골호랑이 씨, 판다 의사의 고민이 기후 변화에서 비롯되었다는 것이 알려졌어요. 헬스푸드시의 마카롱 시장님도 시민들의 안타까운 소식을 들었죠.

마카롱 시장이 앞장서 헬스푸드시의 변화를 촉구했어요. 먼저 무분별한 개발을 줄이고, 나무를 심었어요. 머지않아 헬스푸드시에는 고층 빌딩보다 울창한 숲이 더 많아질 거예요. 길쭉한 대나무 그늘 아래에서 쉴 수도 있고요. 그만큼 헬스푸드시의 평균 기온도 내려가겠지요?

시민들의 노력은 자연을 되돌리는 것 말고 한 가지 더 있었어요. 헬스푸드시에서 잘 어울리지 못하거나 새로 이사 온 이웃에게 다가가는 것이었어요.

판다 의사 말고는 친구가 없었던 벵골호랑이 씨에게도 좋은 이웃들이 생겼어요. 벵골호랑이 씨의 표정에도 점점 미소가 번졌어요.

## 탐정 일지

지난 봄, 시장님의 마카롱이 녹았을 때만큼은 아니지만, 헬스푸드시의 평균 기온은 여전히 높다.

지구 온난화는 예상보다 더 무서운 놈이었다. 대나무를 사라지게 하고, 호르몬을 변화시키고, 해수면의 상승을 일으켰다. 거북 할머니를 화나게도 했지. 헬스푸드시에도 생물 멸종 문제가 일어나는 것이 분명하다.

하지만 이제부터는 도시 곳곳의 나무들이 이산화탄소를 흡수하고, 헬스푸드시의 평균 기온을 낮춰 줄 것이다.

참! 그런데 오늘 어디선가 검은 연기를 봤는데, 또 무슨 일이 일어나고 있는 걸까?

# 퀴즈 정답

20~21쪽

28~29쪽

38~39쪽
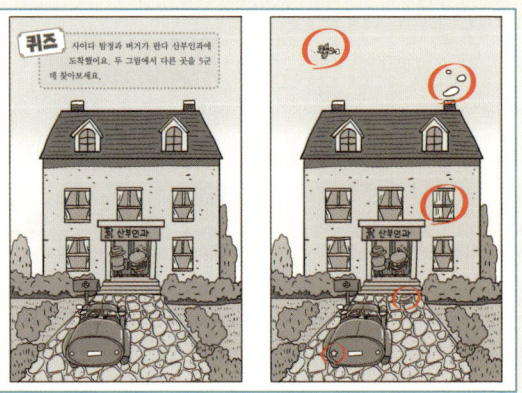

52~53쪽

66~67쪽

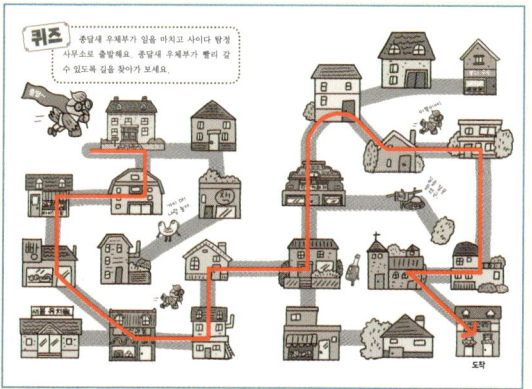

82~83쪽

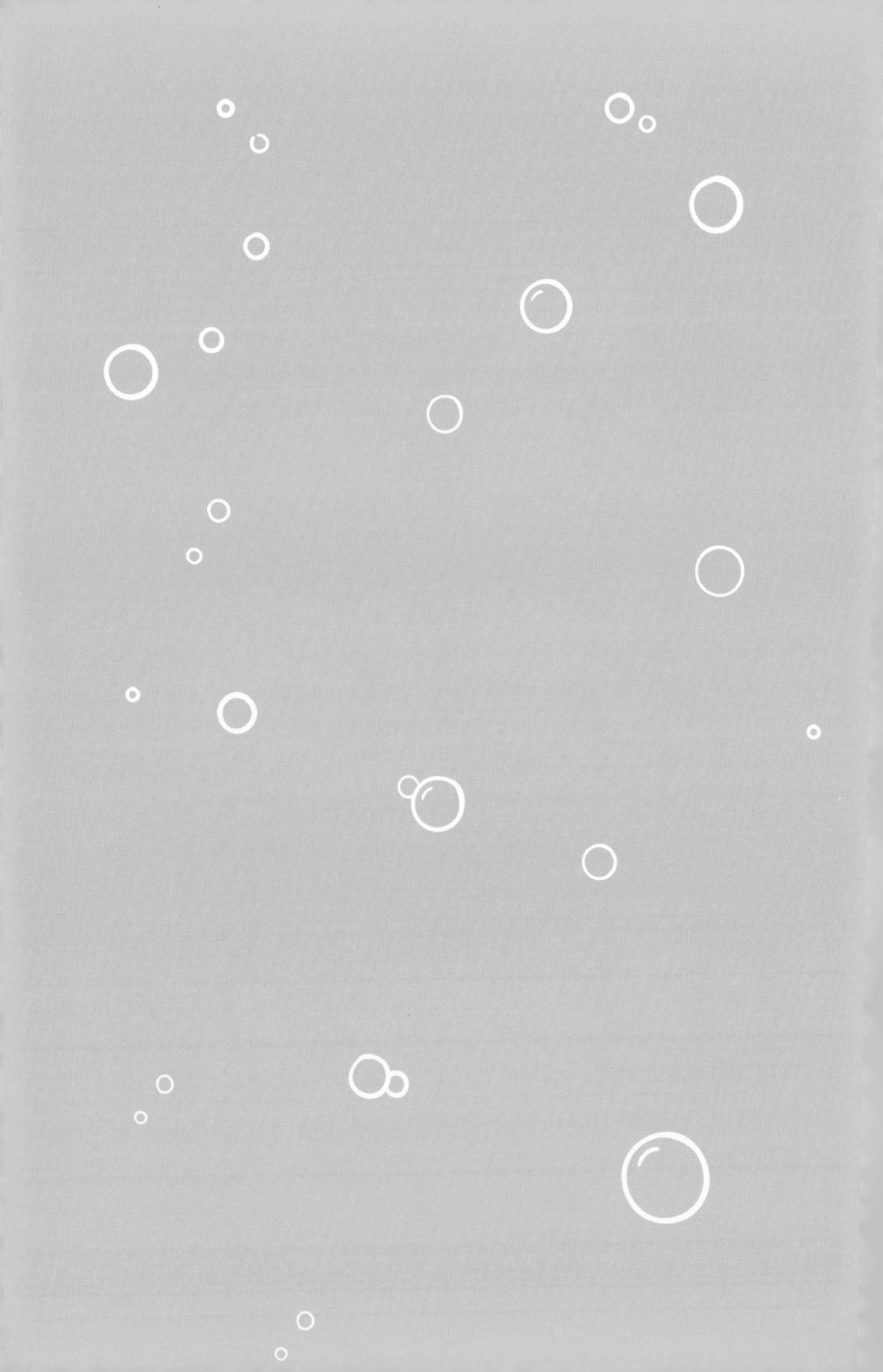